Simone Wunschel

Was krabbelt, summt und quakt denn da?

Das Bastelbuch für mehr Natur- und Umweltschutz

Ahoi

EMF

EIN BUCH DER
EDITION MICHAEL FISCHER

INHALT

Strahlendes Leuchtkäferchen, S. 37

Zauberhaftes Wünsch-dir-was-Geschenk, S. 75

Tierisch-schlaue Fuchs-Geldbörse, S. 31

Gemütliche Schneckenbande, S. 71

Spaßig-spannendes Regenwurmspiel, S. 49

Tanzende Kronkorken, S. 21

Kunterbunter
FRÜHLING

Ich bin Simone, Upcycling-Bastlerin, Kindergeburts-tags-Liebhaberin und Produkterfinderin.

Wenn ich keine Waschmaschinenladungen oder Kinder jongliere, siehst du mich mit Pinsel, Schere und Kleber an unzähligen Wegwerfgegenständen hantieren. Keine Verpackung, Milchtüte oder Klorolle ist vor mir sicher, denn ich liebe Upcycling & Recycling. Weil man aus Wegwerfdingen ganz tolle Liebhab-stücke kreieren kann. Weil Umweltbewusstsein nicht mehr 80er, sondern 2020er ist. Und weil uns Nachhaltigkeit alle angeht. Ich liebe es, Upcycling-Produkte zu erfinden. Für und mit Kindern. Denn Kinder sind die tollsten Erfinder und Ideengeber, wenn man ihnen den Raum dafür gibt.

Auf meinem Blog **www.heimatdinge.de** dreht sich alles um die Themen Upcycling, Bastelspaß und Kinderparty-Ideen. Dort zeige ich dir, wie du dich mit Müll glücklich basteln und eine Kinderparty zu einem unvergesslichen Erlebnis machen kannst.

WAS HAT SICH IN DIESEM BUCH VERSTECKT

In diesem Buch findest du eine kunterbunte Auswahl an Frühlingsideen zum Nachbasteln und spannendem Sachwissen zum Schmökern. Eine hüpfende Frühlingsbande, tanzende Kronkorken und eine tierisch-schlaue Geldbörse läuten den Frühling ein. Eierkartons und Toilettenpapierrollen verwandeln sich in lustige Spiele, und Versandkartons werden zu zwitschernden Frühlingsboten. Mit dieser Ideensammlung für das Basteln mit Alltagsgegenständen und Naturmaterialien holst du den Frühling zu dir nach Hause.

Passend zu jedem Bastelprojekt gibt es spannende Informationen, lustige Fun Facts und vieles mehr zu entdecken: Woher hat der Marienkäfer seinen Namen? Warum quaken Frösche? Wie wird Honig gemacht? Und wusstest du, dass der Grashüpfer sozusagen immer sein eigenes Instrument bei sich trägt?

Noch dazu warten viele praktische Tipps zum Tier- und Umweltschutz auf dich, und du erfährst, wie du den Tieren ganz leicht helfen kannst: Vögel freuen sich zum Beispiel über eine DIY-Vogeltränke, in der sie sich abkühlen können, und mit Wildblumen auf dem Balkon oder im Garten sorgst du dafür, dass Bienen, Schmetterlinge und andere Insekten immer genug Futter finden.

5

AUS ALT MACH SCHÖN

Im Mülleimer schlummern die tollsten Bastelschätze. Du findest dort schöne Verpackungen, vielseitig einsetzbares Papier und spannende Materialien. Das Beste an Wegwerfgegenständen ist: Sie sind umsonst, du hast sie zu Hause, und du schonst damit die Umwelt, weil du altes Material verbastelst und kein neues kaufst.

HOL DIR DAS BASTELMATERIAL AUS DER NATUR

Im Frühling erwacht die Natur und hält spannendes Bastelmaterial für dich bereit. Greif zu und mach dir die Taschen voll. Das Bastelmaterial liegt direkt vor deinen Füßen. Besonders Stöcke, Steine, Wurzeln und Kiefernzapfen eignen sich toll zum Basteln.

BASTEL DIR DIE WELT, WIE SIE DIR GEFÄLLT

Meine Ideen und Materialvorschläge sollen dir als Anregung dienen. Du kannst dich bei der Auswahl des Materials und der Farben so richtig austoben. Bastel deine Liebhabstücke so, wie sie dir gefallen. Du bist der Kreativ-Chef und entscheidest ganz alleine, wie dein Werk aussehen soll.

SEI PERFEKT UNPERFEKT

Es kommt nicht selten vor, dass beim Basteln etwas schief geht. Das ist ganz normal und passiert mir auch immer wieder. Sollte mal etwas nicht so klappen, wie du es dir vorgestellt hast, dann überlege, wie du dein Projekt noch retten kannst. Oft entstehen aus solchen Missgeschicken die tollsten Werke!

BASTELAUGEN SELBST GEMACHT

Augen sind sehr wichtig, um deinen Figuren Leben einzuhauchen. Mit selbst gebastelten Kulleraugen verleihst du deinen Modellen einen ganz eigenen Charakter. Augen kannst du aus vielen Dingen ganz einfach herstellen. Aus weißen Schraubdeckeln, Korkenscheiben und Kronkorken lassen sich ruckizucki niedliche Hingucker basteln. Aus Papierresten kannst du Augen mit runden Motivstanzern ausstanzen oder einfach mit der Schere zuschneiden.

Ich wünsche dir viel Spaß beim Basteln und beim Entdecken der vielen kleinen Krabbeltierchen, Schmetterlinge, Pflanzen und Co.

Deine Simone

Material und Werkzeug

MATERIAL
UND WERKZEUG

WO GEHOBELT WIRD, FALLEN SPÄNE

Wenn du mit Kleber und Farben hantierst, solltest du den Bastelplatz mit einer Unterlage schützen. Als Bastelunterlage kannst du einen Karton oder eine alte Plastiktischdecke verwenden. Ziehe dir am besten einen alten Pulli an, auf den sich auch mal Farbe und Kleber verirren dürfen.

WENIGER BASTELMATERIAL IST MEHR

Zum Basteln brauchst du nicht viele Hilfsmittel. Eine gut schneidende Schere, einen Bleistift zum Vorzeichnen, ein paar Pinsel in unterschiedlicher Pinselstärke, Kleber, Farben, ein bisschen Bastelpapier und schon kann's losgehen.

MATERIALENTDECKER

Versandkartons, Pappverpackungen, Getränkekartons, Altglas, Dosen, Plastiktüten, Bonbonpapier, Deckel, Verschlüsse, alte Socken – im Mülleimer schlummert so einiges an buntem Material, das darauf wartet, von dir verbastelt zu werden. Schau dich doch mal um. Vielleicht entdeckst du noch viel tollere Gegenstände aus Müll und Natur für deine Liebhabstücke. Bastelmaterial zu entdecken macht eine Menge Spaß!

FARBEN

Wenn du Acrylfarben und einen Wasserfarbkasten zu Hause hast, bist du fürs Basteln gut ausgestattet. Deine Werke kannst du mit Permanentmarkern und Filzstiften toll verzieren und ihnen den Feinschliff geben. Permanentmarker sind wasserfest und deshalb zum Basteln besonders gut geeignet.

Verwende Acrylfarbe sparsam und teile die Farbe auf einem Stück Karton oder in einem Schraubdeckel in kleine Portionen auf. In einem Schraubdeckel kannst du Farben toll mischen.

SCHASCHLIKSPIESSE

Schaschlikspieße sind wahre Bastelhelden. Du kannst sie bei vielen Bastelprojekten einsetzen. Mit der Spitze lässt sich ein Mund ganz einfach aufmalen. Die Rückseite eignet sich perfekt für kleine Punkte und um Augen zu malen.

KLEBER

Mit flüssigem Bastelkleber lassen sich Kleinteile am besten aufkleben. Ein Klebestift eignet sich für das Kleben von Papier und Pappe gut. Heißkleber ist der richtige Klebstoff für Kunststoff, Holz, Kork, Filz, Stoffe oder wenn normaler Klebstoff nicht hält. Aber pass auf, Heißkleber ist richtig heiß, und du kannst dir die Finger dabei ganz schnell verbrennen. Verwende Heißkleber deshalb am besten mit einem Erwachsenen.

HILFE VON DEN GROSSEN

Der Einsatz von einigen Werkzeugen wie Heißkleber, Prickelnadel, Cutter oder Messer ist nicht ungefährlich. Lass dir hier lieber von Erwachsenen helfen. Lege bei der Verwendung von Cutter und Messer immer eine Schneidematte unter und gehe mit solchen Werkzeugen vorsichtig um.

Projekte

Fröhlich-buntes
SCHMETTERLING-SPIEL

Schmetterlinge gibt es in vielen Farben. Sie sind herrlich bunt, und es macht riesig Spaß, ihnen beim Tanzen zuzusehen. Hast du schon mal deinen eigenen Flattermann gebastelt? Dieser Schmetterling verbreitet nicht nur gute Laune, du kannst auch mit ihm spielen.

DU BRAUCHST:

1 2 Toilettenpapierrollen

2 Pappe (z.B. Müsli-schachtel)

3 Schraubdeckel

4 Tischtennisball

5 Silberpapier (z.B. Süßig-keitenverpackung)

6 Klebeband

7 Wasserfarbkasten

8 Pfeifenputzer

9 Bastelpapier in Bunt

10 Würfel

11 Schere

12 Pinsel

13 Prickelnadel

14 Bastelkleber

15 Motivstanzer

16 Permanentmarker

15

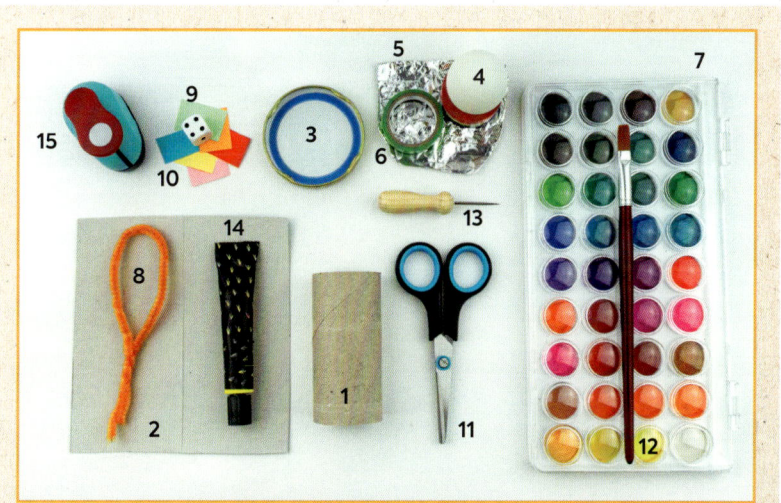

1 Male mit Wasserfarben mindestens 6 etwa gleich breite, bunte Streifen auf eine Toiletten-papierrolle.

2 Schneide die bunt bemalte Toilettenpapierrolle anschließend in 6 Ringe.

3 Schneide zwei Flügel aus einer Pappverpa-ckung aus (z.B. Müsliverpackung) und bemale sie mit Wasserfarbe. Klebe die Flügel mit Kleber zusammen und fixiere einen Toilettenpapierring darauf.

4 Schneide die zweite Toilettenpapierrolle an der Seite auf. Rolle sie so eng zusammen, dass du einen Toilettenpapierring darüberstecken kannst. Klebe die Toilettenpapierrolle in dieser Position mit Klebeband zusammen und befestige sie mit Bastelkleber auf dem Schraubdeckel.

❺

❻

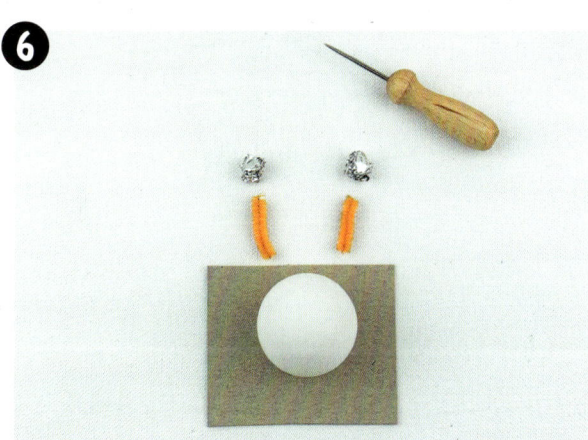

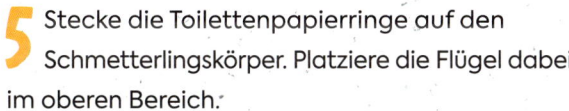

❼

5 Stecke die Toilettenpapierringe auf den Schmetterlingskörper. Platziere die Flügel dabei im oberen Bereich.

6 Rolle aus dem Silberpapier zwei Kugeln und befestige sie mit Kleber auf zwei Stücken Pfeifenputzer. Stich mit einer Prickelnadel zwei Löcher in einen alten Tischtennisball und befestige die Fühler darin.

7 Schneide oder stanze 6 bunte Kreise aus Bastelpapier in den Farben der 6 Ringe aus und beklebe den Würfel damit. Verwende dazu einen Klebestift. So lassen sich die Kreise später wieder entfernen. Hauche dem Schmetterling Leben ein, indem du ihm mit Permanentmarkern ein Gesicht verleihst. Du kannst deinen Schmetterling nun nach Herzenslust zusammensetzen oder ein Spiel damit spielen.

Schmetterling flieg: Ein kunterbuntes Würfelspiel

Das fröhlich-bunte Schmetterling-Spiel macht am meisten Spaß, wenn du es mit 2 (oder mehr) Spielern spielst. Jeder Mitspieler benötigt einen eigenen gebastelten Schmetterling mit jeweils gleichen Farbringen. Außerdem benötigt ihr einen gebastelten Farbwürfel mit den 6 Farben der Ringe eurer Schmetterlinge. Ziel ist es, den Schmetterling durch Würfeln schneller als der Mitspieler zusammenzubauen.

18

SO GEHT'S:

Jeder Spieler stellt seinen Schmetterlingskörper vor sich und legt die bunten Ringe daneben. Jetzt wird abwechselnd gewürfelt. Du darfst nun den Ring in der Farbe, die dein Würfel zeigt, auf den Schmetterling stecken. Wenn du die gleiche Farbe noch einmal würfelst, musst du aussetzen.

Aber Achtung: Du kannst den Ring mit den Flügeln erst stecken, wenn du vorher schon vier Ringe platzieren konntest. Das Spiel ist beendet, wenn der erste Schmetterling zusammengebaut wurde. Auf den Schmetti, fertig, los!

Wer Flattert denn da?

Tagpfauenauge, Zitronenfalter, Bläuling, Kleiner Fuchs und Co. – mit den ersten wärmenden Sonnenstrahlen im Frühling sind sie wieder unterwegs. Schmetterlinge gibt es in den verschiedensten Formen, Farben und Größen. Die bunten Falter lieben es sonnig und flattern auf der Suche nach Nektar von Blüte zu Blüte.

19

VON DER RAUPE ZUM SCHMETTERLING

Schmetterlinge sind großartige Verwandlungskünstler. Zu Beginn schlüpft eine sehr hungrige kleine Raupe aus dem Ei, die sofort beginnt sich vollzufressen und sich immer wieder häutet. Nach einigen Wochen verpuppt sich die Raupe. Im Inneren der Puppe entwickelt sich nun der Falter, bis die Puppe aufplatzt und der fertige Schmetterling schlüpft. Direkt losfliegen kann dieser allerdings noch nicht. Erst einmal muss er Luft und Blut in seine zerknitterten Flügel pumpen und diese entfalten.

Wusstest du ...?

... dass Brennnesseln sehr wichtig für viele Schmetterlingsarten sind. Die Falter legen ihre Eier auf Brennnesseln ab, und die geschlüpften Raupen ernähren sich von den Blättern dieser bei uns eher unbeliebten Pflanze.

FUN FACT

Viele Schmetterlingsarten sind sehr stark gemustert. Die bunten Muster dienen der Tarnung, denn dadurch sind die Falter für ihre Feinde nur schwer zu erkennen. Das Tagpfauenauge trägt zwei große Augen auf den Flügeln. Ist ein Angreifer in Sicht, breitet es seine Flügel blitzartig aus und verschreckt seine Feinde, die plötzlich in ein Gesicht mit großen Augen blicken.

HILFE FÜR SCHMETTERLINGE

Schmetterlinge finden häufig nicht genug Nahrung, und deshalb sind viele Arten vom Aussterben bedroht. Mit einem Beet oder einem Blumenkasten auf dem Balkon mit pollen- und nektarreichen Blumen kannst du den bunten Faltern helfen. Schau mal auf Seite 63.

Tanzende
KRONKORKEN

Bei diesem Windspiel nehmen sich Herr Quak, Marie Käfer und Fräulein Summsi an die Hand und tollen gemeinsam im Wind herum. Willst du ihnen dabei zusehen? Dann schnapp dir ein paar Kronkorken und los geht's!

DU BRAUCHST:

1 Kronkorken
2 Dose
3 Alte Jeans
4 Alte Socken
5 Holzperlen in Weiß

6 Getränkekarton
7 Linsen
8 Moosgummi in Schwarz
9 Acrylfarbe
10 Heißkleber

11 Hanfschnur
12 Schere
13 Pinsel
14 Schaschlikspieß
15 Ggf. Motivstanzer, rund

❶

❸

❷

22

1 Grundiere und bemale die Kronkorken mit Acrylfarbe und schneide Kronen und Flügel aus einem
Stück gereinigtem Getränkekarton aus. Verziere
die silbernen Kronen mit Linsen und klebe sie auf
die Frösche. Beklebe nun die Holzperlen mit Kreisen aus Moosgummi und fixiere sie ebenfalls auf
den Fröschen. Befestige anschließend die Flügel
auf den Bienen.

2 Fixiere die Hanfschnur mit Heißkleber auf der
Rückseite der Kronkorken. Lass dir dabei von
einem Erwachsenen helfen, denn an einer Heiß-
klebepistole kannst du dich schnell verbrennen.

3 Stich mit einer spitzen Schere ein Loch in die
Dose. Achte darauf, dass du dich nicht an
scharfen Kanten verletzt, und bitte eventuell einen
Erwachsenen um Unterstützung. Anschließend
schneidest du den unteren Teil einer alten Socke
über der Ferse ab und ziehst das obere Teil der
Socke über die Dose. Nun wird die Socke noch mit
Heißkleber fixiert.

4

5

4 Schneide aus einer alten Jeans eine ca. 50 cm lange und 2 cm breite Schnur zurecht und verknote die beiden Enden. Ziehe die Jeansschnur von innen durch die Öffnung der Dose, sodass du eine Schlaufe zum Aufhängen erhältst. Alternativ kannst du die Aufhängung auch mit Heißkleber auf der Dose befestigen.

5 Zum Schluss werden noch die drei Schnüre mit den Kronkorken mit Heißkleber am inneren Rand der Dose befestig, und fertig ist dein Windspiel. Du kannst es zum Beispiel auf dem Balkon oder der Terrasse aufhängen.

Ein kleiner Tipp

Schneide aus der silbern glänzenden Pappe von Getränkekartons beliebige Formen aus und verziere das fertige Windspiel damit. Du wirst erstaunt sein, wie toll das in der Sonne funkelt.

Marienkäfer – gepunktete Glücksbringer

Der kleine rote Käfer mit den schwarzen Punkten auf dem Rücken gilt als Glücksbringer.

Im Frühjahr, wenn die ersten Sonnenstrahlen den Boden erwärmen und es langsam wärmer wird, lassen sich auch die Marienkäfer wieder blicken. Sie kommen nach und nach aus ihren Verstecken hervor. Den Winter verbringen die kleinen Tierchen nämlich gut geschützt – am liebsten in großen Schwärmen von mehreren hundert Käfern – unter Laubhaufen, Steinen und Rinde oder auch in Dachspalten und Mauerritzen.

24

WIE VIELE PUNKTE HAT EIN MARIENKÄFER?

Es gibt sehr viele verschiedene Marienkäferarten. Je nach Art unterscheidet sich auch die Anzahl der Punkte, die die kleinen Käfer auf dem Rücken tragen. Am stärksten verbreitet ist bei uns der Siebenpunkt-Marienkäfer. Marienkäfer sind nicht immer rot, es gibt sie auch in Schwarz oder Gelb.

WOHER HAT DER MARIENKÄFER SEINEN NAMEN?

Früher, im Mittelalter, glaubten die Bauern, dass die nützlichen Käfer ein Geschenk der heiligen Maria seien. Daher stammt der Name Marienkäfer.

Wusstest du ...?

... dass der Marienkäfer sehr nützlich ist? Er frisst nämlich Blattläuse. Diese winzigen Tierchen sind bei Gärtnern so gar nicht beliebt, und deshalb freut sich jeder Gärtner über den Besuch von Marienkäfern. Nicht nur die Käfer selbst, auch schon ihre Larven fressen große Mengen an Blattläusen. Ein einziger Käfer schafft es, an die hundert Blattläuse pro Tag zu verspeisen.

Pflanzen wie Fenchel, Ringelblumen, Minze, Kümmel, Koriander, Dill, Kamille, Löwenzahn, Knoblauch und Schafgarbe sind zum Beispiel sehr beliebt bei Marienkäfern und locken die kleinen Glücksbringer in den Garten oder auf den Balkon.

Willst du mehr zum Frosch oder zur Biene wissen?

Dann schau mal hier:
Frosch – S. 46
Biene – S. 58

WIE KANNST DU MARIENKÄFERN HELFEN?

VERSTECKE FÜR DEN WINTER

Ist dir schon einmal aufgefallen, dass im Herbst besonders viele Marienkäfer unterwegs sind? Die Käfer sind zu dieser Zeit auf der Suche nach geeigneten Verstecken für den Winter und sitzen oft in größeren Gruppen an Fensterscheiben, Hauswänden, Balkongeländern oder auf Pflanzen. Dabei verirren sie sich auch manchmal in unsere Wohnungen. Wenn du Marienkäfer in deinem Zuhause entdeckst, kannst du sie vorsichtig einsammeln und an einer gut geschützten Stelle wieder absetzen, zum Beispiel im Garten unter einem Laubhaufen oder an einer Mauerritze. Hier können die Marienkäfer den Winter verbringen.

zwitschernder
FRÜHLINGSGRUSS

Im Frühling begrüßen uns die Vögel mit einem fröhlichen Konzert. Wenn du ganz leise bist, kannst du den Zwitschermännern beim Singen zuhören. Mach deinen Lieblingsmenschen doch eine Freude und schicke ihnen einen kleinen Piepmatz mit deinen Frühlingsgrüßen.

DU BRAUCHST:

1 Karton

2 Dünne Pappver-
packung (z.B. Müsli-
Verpackung)

3 Papier in Weiß

4 Wäscheklammer

5 Wasserfarbkasten

6 Schwarzer Filzstift

7 Garn oder Wolle

8 Stoffrest

9 Bastelkleber

10 Schere

❶

❸

❷

1 Schneide aus der Pappverpackung einen Vogel ohne Schnabel aus und bemale den Piepmatz und die Wäscheklammer mit Wasserfarbe. Male ein Auge mit Filzstift auf und verziere den Vogel mit einem Herz aus Stoffresten.

2 Schneide aus einem Versandkarton eine Grußkarte aus und klebe eine selbstgemachte Briefmarke auf. Beschrifte ein Stück weißes Papier und falte es zu einem Briefumschlag, indem du den unteren Teil bis zur Lasche hochklappst, das Garn dort einlegst und die Lasche zuklebst.

3 Klebe das Vögelchen so auf die Mitte der Wäscheklammer, dass vorne ein Schnabel zu sehen ist. Stecke das Garn mit Briefumschlag in den Schnabel und befestige den Vogel mit Bastelkleber auf der Kartenvorderseite.

Ein kleiner Tipp
Schreibe einen Grußtext auf ein Stück helles Papier und beklebe die Rückseite der Karte damit.

Was piept denn da?

Im Frühling, wenn es langsam wärmer wird, kannst du sie gut hören: unsere heimischen Singvögel. Schon am frühen Morgen zwitschern sie um die Wette.

Endlich ist der Winter vorbei! Die Vögel freuen sich auf die warme Jahreszeit. Auch die Zugvögel kehren jetzt aus dem Süden zurück.

Hör mal genau hin, wenn du morgens auf dem Weg in den Kindergarten oder in die Schule bist – vielleicht kannst du einige Vogelstimmen erkennen!

WAS KANNST DU FÜR VÖGEL TUN?

DIY-VOGELTRÄNKE

Im Sommer, wenn es draußen sehr heiß ist, haben Vögel oft Probleme, eine Wasserstelle zu finden, um sich abzukühlen.

Du kannst ihnen helfen, indem du eine Vogeltränke im Garten, auf der Terrasse oder auf dem Balkon aufstellst. Diese kannst du ganz einfach selbst bauen. Du benötigst dafür nur einen alten Suppenteller oder einen Blumentopf-Untersetzer, den du mit Wasser befüllst.

Und wenn du Glück hast, kannst du den kleinen Piepmätzen sogar beim Plantschen oder Trinken zuschauen.

29

WAS BEDEUTET DER GESANG?

Mit dem Gesang machen vor allem die Männchen auf sich aufmerksam. Sie verteidigen ihr Brutrevier und versuchen, die Weibchen anzulocken. Wenn die Brutzeit dann begonnen hat, wird der Vogelgesang leiser.

FUN FACT

Stare sind außerordentlich gute Gesangskünstler und haben ein großes Talent: Sie können die Rufe anderer Vögel nachahmen. Aber nicht nur das, sie bauen in Ihren Gesang sogar den Klang von Handyklingeltönen oder Alarmanlagen ein.

Wichtig: *Denk daran, das Wasser im Sommer täglich zu wechseln und das Gefäß zu reinigen. Sonst können die Vögel krank werden.*

Tierisch-schlaue
FUCHS-GELDBÖRSE

Schlaue Füchse bewahren ihr Geld in einem Geldbeutel auf, denn so geht nichts verloren. Wusstest du, dass man aus Getränkekartons ganz tolle Geldaufbewahrer machen kann? Die sehen nicht nur süß aus, sie sind auch noch umweltfreundlich! Auf den Getränkekarton mit Gebrüll!

DU BRAUCHST:

1 Getränkekarton
2 Acrylfarbe
3 Moosgummi, orange
4 Wolle

5 Nadel
6 Klettverschluss
7 Messer
8 Prickelnadel

9 Schere
10 Acrylstifte / Permanentmarker
11 Bastelkleber
12 Pinsel

31

1

3

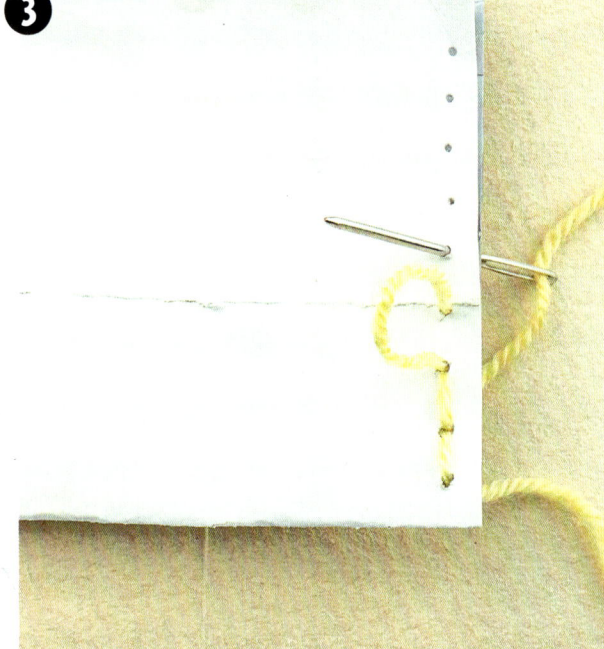

2

32

1 Trenne Deckel und Boden eines Getränkekartons mit einem Messer oder mit einer Schere ab. Bitte hierfür einen Erwachsenen um Hilfe. Schneide den Tetrapack der Länge nach auf und reinige ihn gründlich. Ziehe die äußere bedruckte Schicht vorsichtig ab, indem du die Folie an einer Ecke mit dem Messer anhebst.

2 Grundiere den Getränkekarton mit weißer Acrylfarbe. Lass alles gut trocken und knicke den unteren Teil nach oben, sodass sich die silbern glänzende Seite innen befindet. Zum Schluss klappst du den oberen Teil als Deckel nach unten. Jetzt hast du die Form eines Geldbeutels.

3 Stich mit einer Prickelnadel rechts und links Löcher in den Rand des Geldbeutels (Abstand ca. 0,5 cm). Vernähe die beiden Seiten mit Nadel und Faden. Verwende dafür einen Steppstich.

Ein kleiner Tipp

Wenn du nicht nähen möchtest, kann du die Seiten auch mit einem Tacker verschließen.

4

5

4 Öffne den Deckel des Geldbeutels und klebe ein Stück Klettverschluss auf der Innenseite fest. Lege hierzu die beiden Klettverschlussteile aufeinander, bestreiche die Außenseiten mit Kleber und fixiere sie an den Innenseiten des Geldbeutels, indem du den Deckel nach unten klappst und alles gut andrückst. Lass den Kleber gut austrocknen oder verwende eventuell Heißkleber dazu.

5 Bemale den Geldbeute mit Acrylfarbe als Fuchs. Schneide Ohren aus orangefarbenem Moosgummi aus, ergänze die Details mit weißer und brauner Farbe und befestige sie mit Bastelkleber auf dem Geldbeutel. Mit bunten Markern bekommt dein Fuchs zum Schluss noch Augen, Nase und Bäckchen.

Ein kleiner Tipp

Alternativ kannst du deinem Geldbeutel natürlich auch ein anderes Tiergesicht aufmalen oder ihn einfach mit bunten Mustern in deinen Lieblingsfarben gestalten.

Nachwuchs bei Fuchs, Dachs, Wildschwein und Co.

Im Frühling, wenn es langsam wärmer draußen wird, erwacht auch die Natur, und es entsteht überall neues Leben. Jetzt werden nicht nur die Bäume wieder grün und die ersten Blumen beginnen zu blühen, auch die Tiere des Waldes – Wildschweine, Füchse, Dachse, Rehe, Vögel und Co. – bekommen im Frühling Nachwuchs.

34

DAS SOLLTEST DU BEI EINEM SPAZIERGANG IM WALD BEACHTEN:

Sind dir bei einem Waldspaziergang im Frühjahr schon einmal kleine Rehkitze, Kaninchen oder Igelbabys begegnet?

Um den Nachwuchs der Waldtiere nicht zu stören, solltest du besonders zu dieser Jahreszeit bei einem Spaziergang im Wald auf den vorgegebenen Wegen bleiben. Falls du einen Hund dabei hast, dann nimm ihn besser an die Leine.

Fuchsbabys wirst du im Frühjahr erstmal nicht im Wald begegnen. Diese bleiben nämlich nach der Geburt noch vier Wochen in ihrem Bau. Der Nachwuchs der Dachse verlässt sogar erst nach vier Monaten zum ersten Mal die Höhle.

Wusstest du ...?

... dass Füchse zur Familie der Hunde gehören? Ein weiblicher Fuchs wird „Fähe" genannt und ein männlicher „Rüde". Die Babyfüchse werden als „Welpen" bezeichnet. Füchse haben allerdings auch einige Gemeinsamkeiten mit Wildkatzen.

Durch ihre sportliche Statur können Füchse sehr schnell laufen – bis zu 50 km/h – und bis zu fünf Meter weit und zwei Meter hoch springen!

FUN FACT

Typisch für Füchse ist ihr dicker, buschiger und sehr langer Schwanz. Die Spitze ist oft weiß gefärbt. Ein Fuchsschwanz kann bis zu 40 Zentimeter lang werden, er ist also halb so lang wie der ganze Fuchs.

Der Schwanz sieht aber nicht nur hübsch aus, er hat auch sehr vielseitige Funktionen: Er hilft dem Fuchs, zum Beispiel beim Klettern oder Springen das Gleichgewicht zu halten, und dient ihm zur Kommunikation mit anderen Füchsen. Und noch dazu benutzt der Fuchs seinen buschigen Schwanz, um sich im Winter damit selbst zu wärmen.

FÜCHSE IN DER STADT

Füchse sind mittlerweile immer häufiger auch in großen Städten zu finden. In Gärten oder Parks, aber auch in Abfällen finden die schlauen Vierbeiner die eine oder andere Leckerei.

Da Füchse in der Regel sehr scheu sind, lassen sie sich nicht oft blicken.

Falls dir aber trotzdem mal einer begegnen sollte, brauchst du keine Angst haben. Du solltest Füchse allerdings nicht füttern oder anfassen und ausreichend Abstand halten.

Strahlendes
LEUCHTKÄFERCHEN

Wusstest du, dass Glühwürmchen eigentlich keine Würmer, sondern Käfer sind? Es ist gar nicht so leicht, sie in der Natur zu entdecken. Wenn du noch kein Glück gehabt hast, macht das gar nichts. Bring dein eigenes, selbst gebasteltes Glühwürmchen zum Strahlen.

DU BRAUCHST:

1 Konservenglas
2 Kronkorken
3 Stock
4 Pfeifenputzer in Braun und Bunt

5 Perlen in Bunt
6 LED-Licht
7 Bonbonpapier
8 Acrylfarbe

9 Heißkleber
10 Schere
11 Pinsel

1 Fülle etwas gelbe Acrylfarbe in das Konservenglas und verteile die Farbe mit dem Pinsel gleichmäßig im Inneren. Bemale den Schraubdeckel mit brauner Acrylfarbe. Verwende für die Augen des Glühwürmchens zwei Kronkorken, die du auf der Innenseite mit weißer Acrylfarbe bemalst. Ergänze nach dem Trocknen schwarze Pupillen.

2 Klebe die Augen, zwei Fühler aus braunen Pfeifenputzern und Bäckchen aus zusammengeknülltem Bonbonpapier auf dem Deckel fest. Anschließend bekommt das Glühwürmchen noch einen Mund. Bemale einen Stock mit Acrylfarbe und lass diese gut trocknen. Nun befestigst du den Stock und sechs Beine aus Pfeifenputzern am Glas. Verwende dafür Heißkleber. Zum Schluss steckst du noch 6 bunte Holzperlen als Füßchen an die Pfeifenputzer-Beine, und fertig ist dein kunterbuntes Leuchtkäferchen.

❸

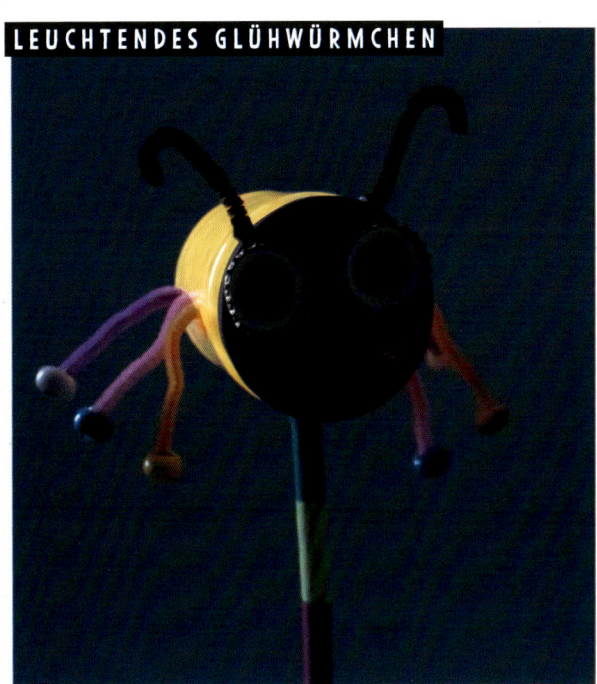

So sieht das Glühwürmchen im Dunklen aus.

3 Nun musst du das Glühwürmchen natürlich noch zum Leuchten bringen: Setze ein oder zwei LED-Lichter in das Glas und schraube den Deckel zu. Und schon beginnt dein Leuchtkäferchen zu strahlen. Du kannst es als tolle Deko in einen Blumenkasten auf dem Balkon stecken oder den Garten damit verschönern.

Ein kleiner Tipp

Anstatt Holzperlenfüße zu verwenden, kannst du auch funkelndes Verpackungsmaterial von Süßigkeiten zu kleinen Kügelchen zusammenknüllen und als Füße an die Pfeifenputzer kleben.

Glühwürmchen – *leuchtende* Käfer

Glühwürmchen, die eigentlich gar keine Würmer sind, sondern Käfer, sehen bei Tageslicht betrachtet recht unscheinbar aus. Sie sind etwa zehn Millimeter lang und braun gefärbt. Doch wenn es dunkel wird, verwandeln sich die Glühwürmchen in strahlende Käferchen. Deshalb werden sie auch als Leuchtkäfer bezeichnet.

40 WO KANNST DU GLÜHWÜRMCHEN BEOBACHTEN?

Am besten beobachten kannst du Glühwürmchen ab dem späten Frühling von Ende Mai bis Juli. Du findest sie in warmen Nächten vor allem auf feuchten Wiesen, an Wald- und Feldrändern, aber auch in der Nähe von Gewässern und in Parks.

Wusstest du ...?

... dass Glühwürmchen nach der Paarung sterben? Das Weibchen legt zuvor noch seine Eier am Boden ab. Daraus entwickeln sich dann etwa vier Wochen später Glühwürmchen-Larven, die sich vor allem von Schnecken ernähren. Nach drei Jahren schlüpfen aus den Larven wieder neue Glühwürmchen.

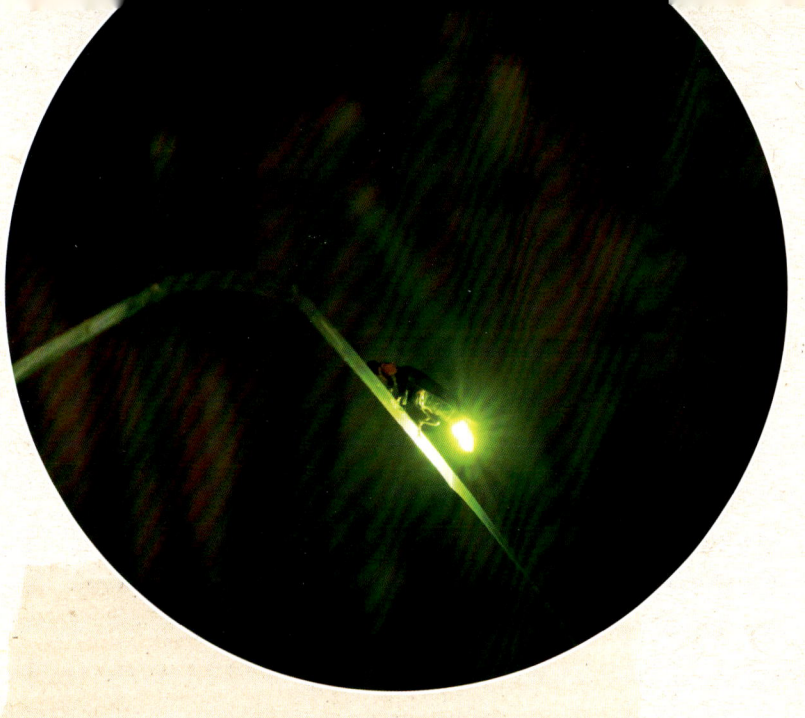

SO KANNST DU GLÜHWÜRMCHEN HELFEN:

DIE KLEINEN LEUCHTKÄFER HABEN ES IN UNSEREN MODERNEN GÄRTEN OFT NICHT LEICHT:

Der Einsatz von Schneckenkorn, einem Mittel gegen Schneckenbefall im Garten, raubt den Glühwürmchen ihre Nahrung. Und die nächtliche Beleuchtung macht es den Käfern schwer, einen Partner zu finden, denn es wird bei uns in den Städten nicht mehr so richtig dunkel.

Um Glühwürmchen in den eigenen Garten zu locken, ist es hilfreich, nachts auf Beleuchtung zu verzichten und kein Gift gegen Ungeziefer einzusetzen. Stattdessen freuen sich die Leuchtkäfer über eine möglichst naturbelassene Wildwiesenecke, in der sich Schnecken und andere kleine Insekten wohlfühlen.

GIBT ES NOCH ANDERE TIERE, DIE LEUCHTEN?

Die Fähigkeit von Tieren, selbst Licht zu erzeugen, ist besonders unter den Bewohnern der Tiefsee verbreitet. Dort ist es sehr dunkel, denn bis weit hinunter in die Tiefen des Meeres kann kein Sonnenstrahl durchdringen. Deshalb haben zum Beispiel Quallen, verschiedene Korallenarten und Tiefseefische ihre eigenen Lichtquellen.

Hüpfende
FRÜHLINGSBANDE

Quakende Frösche und bunte Libellen machen es sich gerne am Teich gemütlich. Dort hüpfen und tanzen sie um die Wette. Wie du dir diese lustige, hüpfende Frühlingsbande nach Hause holen kannst, zeige ich dir jetzt.

DU BRAUCHST:

43

1 Toilettenpapierrolle

2 Stöcke

3 Papiertücher

4 Bastelpapier in Schwarz und Weiß

5 Elastisches Gummi

6 Plastiktüte

7 Getränkekarton

8 Mini-Pompons in Bunt

9 Linsen

10 Moosgummi in Grün

11 Acrylfarbe

12 Pfeifenputzer in Grün

13 Acrylstifte

14 Schere

15 Bastelkleber

16 Ggf. Motivstanzer, rund

17 Pinsel

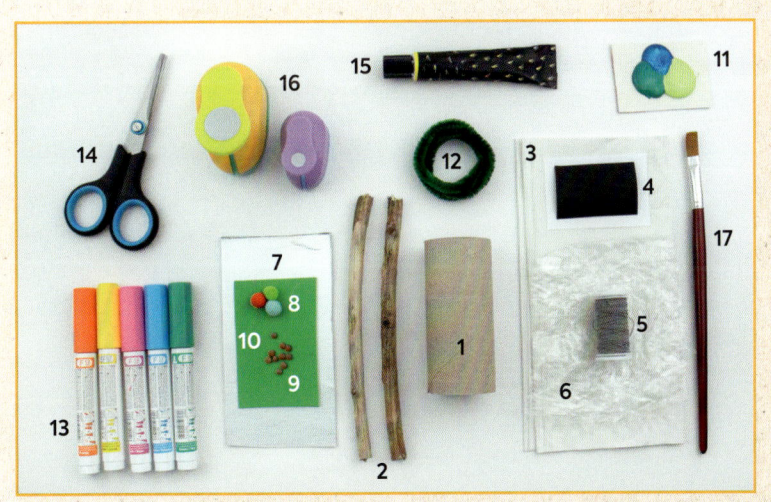

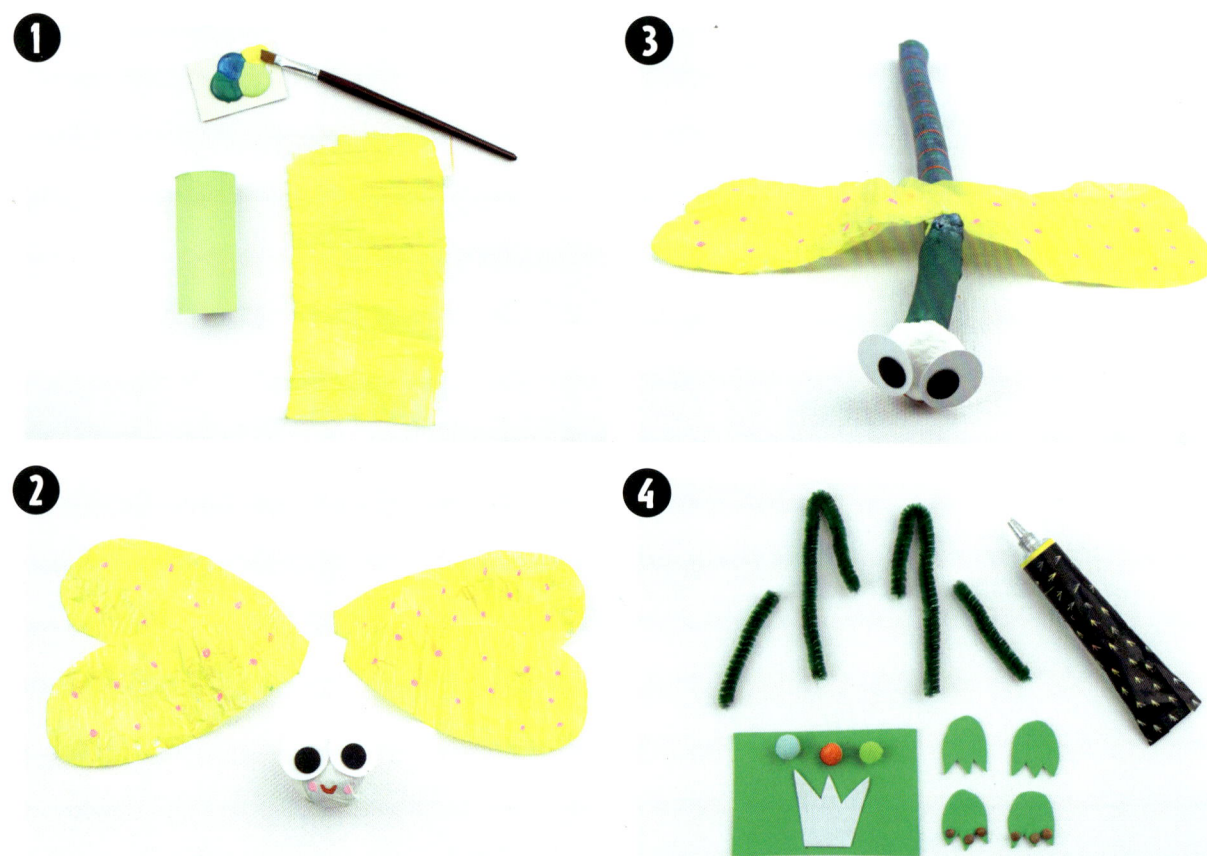

1 Schneide für die Flügel der Libelle aus einer Plastikverpackung ein Stück Plastikfolie heraus. Verschließe die Toilettenpapierrolle auf einer Seite mit Bastelpapier oder dünner Pappe. Bemale die Plastikfolie mit gelber und die Toilettenpapierrolle mit grüner Acrylfarbe und lass alles gut trocknen.

2 Schneide aus der Plastikfolie 4 Flügel für die Libelle aus. Knülle ein Papiertuch zu einer Kugel zusammen, umhülle diese mit einem weiteren Stück Papiertuch und fixiere sie am unteren Ende mit Kleber. Stanze Augen aus und male das Gesicht mit Permanentmarkern oder Filzstiften auf.

3 Bemale einen kleinen Stock mit Acrylfarbe und klebe den Kopf und die Flügel der Libelle mit Bastelkleber an.

4 Schneide aus Moosgummi vier Froschfüße aus und verziere sie mit Linsen. Öffne und reinige einen Getränkekarton und schneide eine Krone aus. Die Krone beklebst du nun mit Mini-Pompons. Kürze den Pfeifenputzer zu zwei langen und zwei kurzen Froschbeinen und klebe sie an die Füße.

44

5

6

7

5 Fixiere die Froschbeine mit Kleber an der Toilettenpapierrolle. Befestige die Krone am Kopf des Froschs, klebe ausgestanzte Papieraugen auf und male dem Frosch einen Mund.

6 Verziere einen zweiten Stock mit Acrylstiften. Nun bindest du ein Stück elastisches Gummi so in der Mitte des Haltestocks fest, dass die Libelle waagrecht in der Luft bleibt. Und schon kannst du deine Libelle fliegen lassen.

7 Zum Schluss bindest du ein Stück elastisches Gummi in der Mitte des Froschs und dem vorderen Ende eines weiteren verzierten Haltestocks fest. Nun sind dein Frosch und deine Libelle fertig und das rasante Teichgetobe kann losgehen.

Ein kleiner Tipp

Je elastischer und dehnbarer das Gummi ist, desto besser kannst du die Frühlingsbande hüpfen lassen.

Frühling am Teich

Im Frühling erwacht das Leben am Teich. Viele Teichbewohner haben die kalte Jahreszeit am Boden in der Winterstarre verbracht. Wenn es im Frühling langsam wärmer wird, gehen sie wieder auf Futtersuche. Auch am Teich ist im Frühling Paarungszeit: Bald schlüpfen die Kaulquappen, und Insektenlarven verwandeln sich in Käfer oder Libellen.

LIBELLEN – BEEINDRUCKENDE FLUGKÜNSTLER

46

Libellen gehören neben den Schmetterlingen zu den farbenprächtigsten Insekten. Die in bunten Farben schillernden grazilen Libellen sind beeindruckende Flugkünstler.

Sie können pfeilschnell über das Wasser schießen oder langsam wie ein Segelflieger über die Oberfläche gleiten, schwebend in der Luft stehen bleiben und immer wieder blitzschnell die Flugrichtung ändern. Einige Libellenarten können sogar rückwärts fliegen.

Wusstest du ...?

... dass Libellen gar keinen Stachel haben. Sie können also nicht stechen und sind für uns Menschen absolut ungefährlich. Libellen sind sogar sehr nützlich, denn sie ernähren sich von anderen Insekten wie Mücken und Bremsen und halten uns diese damit vom Leib.

FRÖSCHE – QUAKENDE VERWANDLUNGSKÜNSTLER

Frösche gehören zu den Amphibien. So nennt man Lebewesen, die im Wasser und auf dem Land leben können. Frösche verändern sich im Laufe ihrer Entwicklung sehr stark. Im Frühjahr kehren die ausgewachsenen Frösche zum Wasser zurück, um sich zu paaren und ihre Eier abzulegen. Die Eier der Frösche nennt man auch Froschlaich. Aus dem Laich entwickeln sich die Kaulquappen, die sich dann einige Zeit später in Frösche verwandeln.

WARUM QUAKEN FRÖSCHE?

Ein Froschkonzert kann manchmal ganz schön laut sein – vor allem im Frühling! In den Abendstunden quaken die Frösche, aber auch die Kröten und Unken, wild durcheinander und versuchen, sich gegenseitig zu übertönen. Wenn es langsam wieder wärmer wird, beginnt die Paarungszeit, und die männlichen Frösche wollen durch ihr Quaken die Aufmerksamkeit der Weibchen gewinnen und ihr Revier abgrenzen. Wer am lautesten quakt hat gewonnen! Frösche quaken zwar auch außerhalb der Paarungszeit, allerdings geht es dann am Teich deutlich ruhiger zu.

FUN FACT

Neben dem bekannten „Quaken" kannst du bei einem Froschkonzert auch viele andere Laute hören. Je nach Art reichen die Töne von Trillern über Knattern bis hin zu einem lauten Gackern. Der Ruf des Seefroschs klingt sogar so, als würde er lachen. Wenn alle Frösche die gleichen Laute von sich geben würden, gäbe es in der Paarungszeit nämlich ein ganz schönes Durcheinander.

WARUM WANDERN FRÖSCHE?

Im Frühjahr kommen Frösche und Kröten aus ihrem Versteck, in dem sie den Winter verbracht haben, und brechen zu ihrer großen Wanderung auf. Sie kehren jedes Jahr wieder zu dem Gewässer zurück, in dem sie selbst geschlüpft sind. Diese Wanderung kann für die Tiere sehr gefährlich sein, denn sie müssen häufig große Straßen überqueren, um zu ihrem Laichplatz zu gelangen.

Spaßig-spannendes
REGENWURMSPIEL

Während wir uns bei Regenwetter zu Hause einmummeln, strecken die Regenwürmer ihre Nase aus dem Boden und gehen ein bisschen Luft schnappen. Aber Achtung, eine Amsel hat es auf die fleißige Bande abgesehen. Hast du Lust auf ein lustiges Regenwurmspiel?

DU BRAUCHST:

1 6er-Eierkarton

2 6 Eisstiele

3 Silberfolie (z.B. von einer Schokolade)

4 Karton

5 Bastelpapier in zwei Farben

6 Acrylfarbe

7 Acrylstifte

8 Pinsel

9 Schaschlikspieß

10 Bastelkleber

11 Schere

1

3

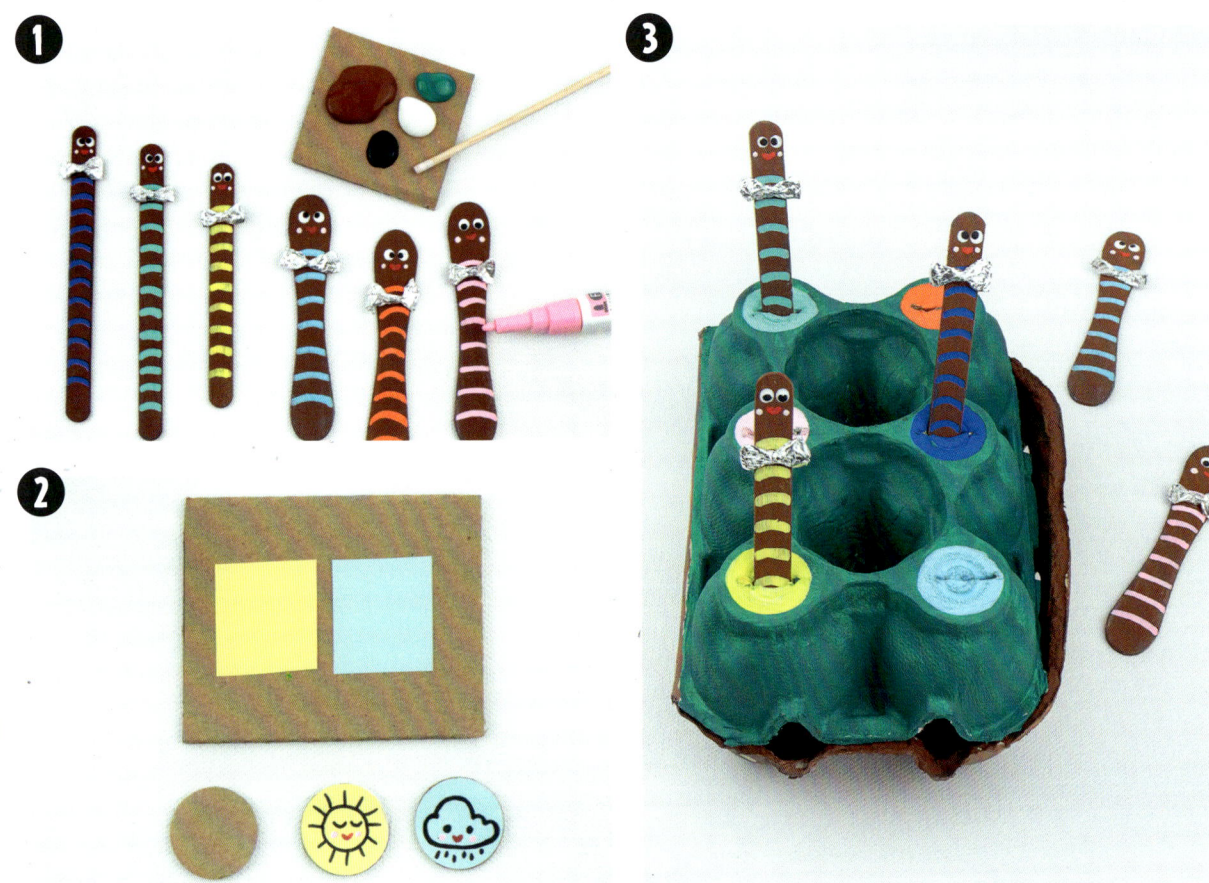

2

1 Grundiere die 6 Eisstiele mit brauner Acrylfarbe und lass sie gut trocknen. Anschließend tupfst du mit der Rückseite eines Schaschlikspießes Augen auf und malst den Würmern mit Acrylstiften ein Gesicht. Hübsche die Regenwurm-Gang noch mit einer Schleife aus Silberpapier auf und verziere sie mit bunten Streifen in 6 unterschiedlichen Farben. Fertig sind deine Spielfiguren.

2 Schneide aus einem Stück Pappe und Bastelpapier (in zwei unterschiedlichen Farben) Kreise in der Größe einer 1-Euro-Münze aus. Bemale einen der Bastelpapierkreise mit einer Sonne und den anderen mit einer Wolke. Diese klebst du nun auf die Vorder- und Rückseite der Pappmünze. Alternativ kannst auch eine Euromünze direkt mit den Bastelpapierkreisen bekleben.

3 Ritze mit einer Schere 6 Schlitze in die Unterseite des Eierkartons und bemale den Karton anschließend mit Acrylfarbe. Wenn die Farbe getrocknet ist, bemalst du die 6 Spielfelder mit bunten Kreisen in den entsprechenden Farben, die du bereits für die Streifen der Regenwürmer benutzt hast. Verwende Acrylstifte oder Acrylfarbe dazu. Und schon ist dein Spielfeld fertig und das Regenwürmer-Rettungsspiel kann beginnen.

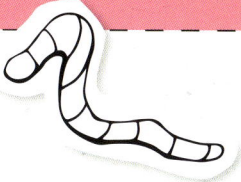

Rette die
Regenwurmbande

Oje, eine Amsel hat sich die Regenwurmbande als Nachtisch ausgesucht! Schnell, du musst ihnen helfen, sich in Sicherheit zu bringen.

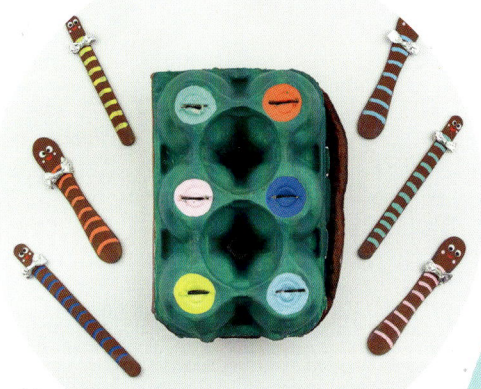

51

SO GEHT'S:

Jeder Mitspieler erhält 3 Regenwürmer. Jetzt wird die Münze abwechselnd geworfen. Bei Regen darfst du dir einen Regenwurm aussuchen und in das passende Farbfeld stecken. Bei Sonne musst du eine Runde aussetzen. Das Spiel ist beendet, wenn ein Spieler alle Regenwürmer gerettet hat.
Viel Spaß!

Der Regenwurm – ein Fleißiger Untermieter im Garten

52

Regenwürmer sind sehr nützliche kleine Tiere. Die Würmer sind die perfekten Helfer für jeden Gärtner, denn sie graben das Erdreich um, fressen alte Pflanzenreste und düngen mit ihrem Kot den Boden. Die Gänge, die die Regenwürmer tief in die Erde graben, sorgen für eine gute Belüftung des Bodens. Dadurch kann das Erdreich das Regenwasser besser aufsaugen – so wie ein Schwamm. Die fleißigen Würmer machen unseren Boden fruchtbar und versorgen ihn mit wichtigen Nährstoffen, sodass die Pflanzen groß und stark werden können.

WANN KANNST DU REGENWÜRMER AM BESTEN BEOBACHTEN?

Im Winter und im Sommer kannst du Regenwürmer nur sehr selten beobachten. Dann ist es den Tieren zu kalt beziehungsweise zu warm, und sie ziehen sich tief in die Erde zurück. Im Frühling und im Herbst lassen sich die Würmer häufiger auf dem Erdboden blicken. Nach dem Regen ist die beste Zeit, um die faszinierenden Würmer zu beobachten.

Wusstest du ...?

... dass der Regenwurm blind, taub und stumm ist? Er kann sich nur kriechend fortbewegen, und trotzdem gehört der kleine Wurm zu den stärksten Tieren der Welt – zumindest im Verhältnis zu seiner Größe. Wenn er seine unterirdischen Gänge gräbt, schafft er es, Erde zur Seite zu drücken, die 60 Mal so schwer ist wie sein eigenes Körpergewicht.

SO KANNST DU REGENWÜRMERN HELFEN:

Hast du schon einmal einen Regenwurm auf der Straße liegen sehen? Du kannst ihm helfen, indem du ihn aufhebst und wieder in die Erde zurücksetzt. Wenn du ihn nicht anfassen möchtest, nimm einfach ein kleines Stöckchen zur Hilfe und schiebe es vorsichtig unter den Wurm. So kannst du ihn ganz leicht zurück ins Erdreich bringen. Wenn Regenwürmer zu lange in der Sonne liegen, sterben sie nämlich. Falls du einen Regenwurm an der Erdoberfläche siehst, kannst du ihn mit einem Blatt bedecken. So ist der Wurm vor dem Sonnenlicht geschützt und kann sich in Ruhe wieder in die Erde eingraben. Solltest du einen Regenwurm finden, der schon etwas vertrocknet aussieht, sich aber noch bewegt, befeuchte ihn mit ein wenig Wasser. So kannst du den Wurm noch retten!

FUN FACT

Regenwürmer sind ganz schön hungrig. Eigentlich sind sie pausenlos am Essen. Sie ernähren sich von Blättern und anderen abgestorbenen Pflanzenteilen. Ein Regenwurm kann an einem Tag halb so viel fressen, wie er selbst wiegt.

WAS PASSIERT, WENN EIN REGENWURM ZERTEILT WIRD?

Wenn ein Regenwurm in zwei Teile geteilt wird, überlebt nur die Hälfte mit dem Kopf. Das Hinterteil des Wurms kann wieder nachwachsen, wenn das alte zum Beispiel von einem Vogel gefressen wurde.

BIENCHEN und BLÜMCHEN

Fleißige Bienchen machen sich schon im Frühjahr auf den Weg, um Nektar und Pollen zu sammeln. Hilf der fleißigen Summse-Brumse dabei und fang sie mit deiner bienenfreundlichen Blume auf.

DU BRAUCHST:

1 Flacher Plastikbecher
2 Geschenkpapier
3 Korken
4 Stock
5 Bonbonpapier
6 Aluverpackung

7 Basteldraht
8 Washi-Tape in Grün
9 Wolle
10 Mini-Pompons, orange
11 Acrylfarbe in Schwarz, Gelb und Weiß

12 Pinsel
13 Heißkleber
14 Schere
15 Klebestift
16 Acrylmarker

❶

❷

56

1 Bemale den Korken gelb-schwarz gestreift mit Acrylfarbe und gib dem Bienchen, wenn die Farbe getrocknet ist, mit Acrylmarkern ein Gesicht. Forme aus einem Stück Aluverpackung zwei goldene Flügel und befestige sie mit Heißkleber auf der Biene. Anschließend klebst du Mini-Pompons als Fühler auf zwei Stücke Basteldraht und steckst die Fühler in den Korken.

2 Verziere den Plastikbecher mit buntem Geschenkpapier. Schneide dafür spitz zulaufende Blütenblätter zurecht und klebe sie an die Seite des Bechers. Für den Blütenstempel benötigst du drei etwa gleich lange Stücke Basteldraht, an deren Ende du drei zusammengeknüllte Kugeln Bonbonpapier festklebst. Drehe die Drahtenden anschließend am unteren Ende ein und befestige den Blütenstempel mit Heißkleber im Inneren des Bechers. Als Letztes fixierst du ein Stöckchen, das du vorher mit Acrylmarkern verzierst, als Halterung an der unteren Seite des Bechers. Verwende dafür ebenfalls Heißkleber.

❸

57

3 Klebe etwas Washi-Tape um den unteren Rand des Plastikbechers, und schon ist deine Blume fertig. Zum Schluss befestigst du noch ein etwa 15 Zentimeter langes Stück Wolle mit Heißkleber an der Unterseite der Biene und im Inneren des Bechers. Jetzt kannst du deine Biene fliegen lassen, und das Nektarsammeln kann beginnen.

Spieltipp

Jeder Mitspieler hat 5 Versuche, die Summse Brummse zu fangen und Nektar zu sammeln. Am Schluss wird zusammengezählt, wie oft die Biene in der Blume gelandet ist. Wer den meisten Nektar gesammelt hat, hat gewonnen. Wechsel dich beim Fangen der Biene mit deinem Mitspieler ab oder bastel für jeden Spieler ein eigenes Bienen-Fangspiel.

Fleißige Honigmacher

Im Frühling, wenn es wärmer wird und die ersten Blumen und Pflanzen anfangen zu blühen, schwärmen sie langsam wieder aus: die Bienen.

DAS BIENENVOLK

Honigbienen leben gemeinsam als Bienenvolk in einem Bienenstock zusammen, der aus bis zu 60.000 Tieren besteht. Jedes Volk hat nur eine Königin. Diese legt die Eier, aus denen die Nachkommen schlüpfen. Außerdem gibt es einige männliche Bienen – die Drohnen – und eine Vielzahl an Arbeiterinnen. Damit es bei so viel Gewusel kein Durcheinander im Bienenstock gibt, hat jede Biene im Laufe ihres Lebens, je nach Alter, bestimmte Aufgaben: Zu Beginn, direkt nach dem Schlüpfen, säubern die Arbeiterbienen die Wabenzellen und bereiten sie für die Eier der Königin vor. Danach werden sie zu Ammen und füttern die Larven mit Nektar. Etwas später haben sie dann die Aufgabe, mit speziellen Drüsen an ihrem Hinterteil Wachs zu produzieren und neue Waben zu bauen. Im Anschluss schützen sie den Bienenstock als Wächterin vor Eindringlingen und fliegen als Sammlerinnen aus, um Nektar und Pollen in den Bienenstock zu bringen.

Wusstest du ...?

... dass Bienen neben dem allseits bekannten „Summen" noch eine weitere Sprache haben, mit der sie sich untereinander verständigen können?

Mit dem Bienentanz kann eine Arbeiterbiene den anderen zeigen, wo sie eine Blumenwiese entdeckt hat.

BIENCHEN UND BLÜMCHEN: DIE BESTÄUBUNG

Bienen sorgen nicht nur für leckeren Honig, sie haben noch eine weitere wichtige Aufgabe: Sie bestäuben Getreide, Obstbäume und alle anderen Pflanzen und Blumen. An einem Tag fliegen die fleißigen Bienchen mehr als 2000 Blüten an, um Nektar zu sammeln. Dadurch verteilen sie gleichzeitig den Blütenstaub von Blüte zu Blüte. Dies ist sehr wichtig, denn ohne die Bestäubung könnten die Pflanzen später keine Früchte tragen.

AM 20. MAI IST WELTBIENENTAG!

Bienen sind sehr wichtig für uns Menschen. Sie sorgen für unsere Nahrung und auch für unsere Gesundheit. Am Weltbienentag gibt es viele tolle Aktionen zum Schutz der Bienen.

WIE WIRD HONIG GEMACHT?

Die Stockbienen nehmen den Nektar, den die Sammlerinnen ihnen bringen, auf und verarbeiten ihn in ihren Honigmägen. Anschließend wird er in den Waben abgelegt und entweder an die Larven verfüttert oder als Wintervorrat gesammelt.

Imker können im späten Frühjahr und im Sommer einen kleinen Teil des Honigs ernten. Sie holen die Waben aus dem Bienenstock und schleudern den Honig mit einer speziellen Honigschleuder vorsichtig heraus, nachdem sie die schützende Wachsschicht entfernt haben.

Werde zum Bienenretter!

Schau mal auf Seite 63. Bienen freuen sich über pollen- und nektarreiche Blumen wie zum Beispiel Lavendel, Ringelblume und Schneeglöckchen, aber auch über Kräuter wie Salbei oder Thymian.

Überraschende
FRÜHLINGSBOTEN

Über Geschenke freut sich jeder, besonders Oma und Opa.
Sag ihnen doch mal durch die Blume, wie gern du sie hast. Über diese
überraschenden Frühlingsboten freuen sie sich ganz bestimmt.

DU BRAUCHST:

1 Eierkarton

2 Alte Jeans

3 Bienfreundliche Blu–
mensamen

4 Plastik-Schraubdeckel

5 Wolle

6 Acrylfarbe

7 Pinsel

8 Nagelschere

9 Heißkleber

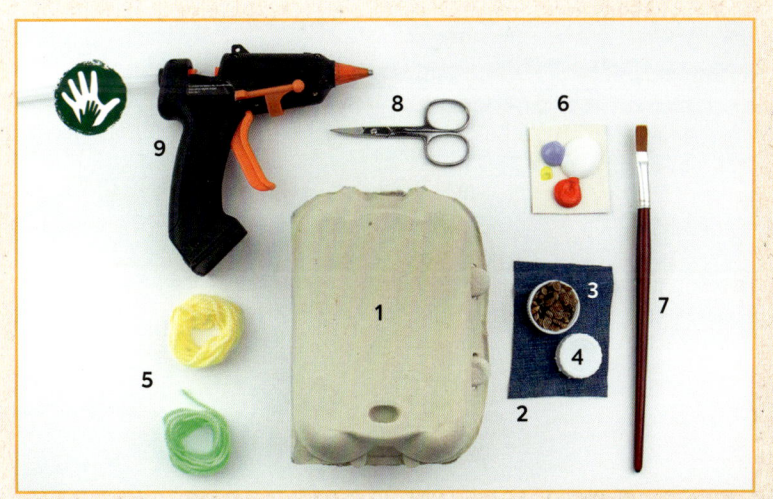

❶

❸

❷

62

1 Trenne mit einer Nagelschere aus einem Eierkarton die Spitzen und Kreise heraus.

2 Bemale die Spitzen und Kreise als Blüten mit Acrylfarbe. Klebe die 6 Kreise so aneinander, dass eine runde Blume entsteht. In der Mitte befestigst du dann noch einen bemalten Plastikdeckel.

3 Wickle die Wolle um die Stöcke. Schneide aus einer alten Jeans Blätter aus und befestige sie an den Stöcken. Fülle die Blüten der Tulpen nun mit bienenfreundlichen Blumensamen und verschließe sie mit einem gelb bemalten Plastikdeckel.

Ein kleiner Tipp

Die runde Blume lässt sich auch ganz einfach mit Blumensamen füllen, indem du in einen Plastikdeckel Blumensamen streust und einen anderen Plastikdeckel von oben aufklebst.

Wildblumen –
kunterbunt und nützlich

Kornblume, Scharfgabe, Duftwicke und Co. – unsere heimischen Wildblumen sind vor allem im Frühling eine wichtige Nahrungsquelle für viele nützliche Insekten, wie Bienen, Schmetterlinge oder Hummeln. Bestimmt kennst du viele der bunten Pflanzen, die auf Wiesen sowie an Wald- und Feldrändern wachsen, und hast sie schon einmal bei einem Spaziergang gesehen.

WILDBLUMEN AUF DEM BALKON UND IM GARTEN

Auf unserem Balkon oder im Garten sorgen die kunterbunten Pflanzen für einen hübschen Farbtupfer. Sie sind sehr robust und pflegeleicht. Du kannst entweder Saatmischungen für Wildblumen kaufen oder selbst gesammeltes Saatgut verwenden. Wichtig ist es, darauf zu achten, dass vom Frühjahr bis zum Herbst immer etwas auf dem Balkon oder im Garten blüht. So können die Insekten genug Futter finden. Probiere es doch einmal aus!

BLUMIGE GRÜSSE

Mit einer selbstgebastelten Blume kannst du Wildblumensamen toll als außergewöhnlichen Frühlingsgruß verschenken, sodass sich auch andere Menschen an den kunterbunten Pflanzen erfreuen können.

Lustig-steinige BANDE

Was ist denn hier los? Wo will der kleine Maulwurf nur hin? Oje oje, die Käferbande kapert das Schiff. Und Grashüpfer Gundobert schummelt sich auch noch an Board. Das kann ja eine heitere Fahrt werden. Wie du diese steinigen Passagiere ganz einfach basteln kannst, zeige ich dir jetzt.

DU BRAUCHST:

1 Steine
2 Alte Socke
3 Pfeifenputzer in Grün
4 Bonbonpapier
5 Moosgummi in Grün, Orange und Schwarz
6 Kleine Stöckchen
7 Kleine Holzperle
8 Acrylfarbe
9 Acrylstifte
10 Pinsel
11 Schaschlikspieß
12 Heißkleber
13 Schere

1

2

66

1 Für den Maulwurf bemalst du einen flachen, ovalen Stein mit schwarzer Acrylfarbe. Befestige eine Piratenmütze aus einem Stück alter Socke mit Kleber am Stein. Schneide aus schwarzem Moosgummi Arme und aus orangefarbenem eine Nase aus. Klebe die Holzperle als Nasenspitze an und befestige Arme und Nase am Maulwurf. Zum Schluss malst du noch ein Auge, Augenklappe und Mund mit Acrylstiften auf und fertig ist dein Piraten-Maulwurf.

2 Für die kunterbunte Käferbande kannst du dich mit Acrylfarbe und Acrylstiften austoben. Jetzt darfst du so richtig in den Farbtopf greifen. Bemale die Käferbande in bunten Farben, so wie es dir gefällt. Kleine Detail kannst du auch mithilfe eines Schaschlikspießes auftupfen. Fertig sind deine Passagiere für die lustig-steinige Fahrt.

❸

67

3 Für Grashüpfer Gundobert grundierst du einen länglichen und einen kleinen rundlichen Stein mit grüner Acrylfarbe. Klebe den kleinen Stein mit Heißkleber als Kopf am länglichen Stein fest. Befestige sechs Beine aus Pfeifenputzern am Körper und biege sie zurecht. Schneide nun aus grünem Moosgummi zwei längliche Flügel zurecht und verziere sie mit Acrylstiften. Anschließend schneidest du aus Bonbonpapier noch einen Hut aus. Klebe zwei Fühler aus kleinen Stöcken, den Hut und die Flügel mit Heißkleber an den Steinen fest. Zum Schluss malst du noch ein Gesicht mit Acrylmarkern auf, und fertig ist dein Grashüpfer.

Ein kleiner Tipp

Das Piratenschiff kannst du ganz einfach aus einer Eierkarton-Hälfte basteln, die du mit Acrylfarbe bemalst und verzierst. Stecke einen Papierstrohhalm als Mast in eine Eierkartonspitze und befestige eine Flagge. Gute Fahrt!

Wer buddelt denn da unter der Erde?

Wenn sich im Frühling kleine Erdhügel im Garten auftürmen, dann ist er da: der Maulwurf. Mit seinen riesigen Vorderpfoten, die aussehen wie Schaufeln, buddelt er unterirdische Gänge. So entsteht unter der Erde ein weit verzweigtes Tunnelsystem mit vielen Kammern und Vorratsräumen. Die überschüssige Erde schiebt der Maulwurf dabei nach draußen, und so türmen sie sich auf: die Maulwurfhügel.

Hast du schon einmal einen Maulwurf entdeckt? Die fleißigen Buddler sind nur um die 20 Zentimeter groß und wiegen gerade mal an die 100 Gramm. Wenn der Boden im Winter gefroren ist, jagen sie manchmal auch über der Erde.

68

Wusstest du ...?

... dass der Maulwurf fast blind ist? Er hat nur winzig kleine Knopfaugen, die von seinem dichten Fell verdeckt werden. Damit kann er allerdings nicht richtig sehen, sondern nur hell und dunkel unterscheiden. Dafür hat der Maulwurf aber ein hervorragendes Gehör und einen ausgesprochen guten Tast- und Geruchssinn. Seine kleine rüsselartige Nase ist mit feinen Härchen ausgestattet, mit denen er schon die leichteste Erschütterung wahrnehmen kann. Beim Graben verschließt er Mund und Nase mit Hautlappen, um sie so vor Erde und Sand zu schützen.

Der Maulwurf ist ziemlich gefräßig und ernährt sich vor allem von Regenwürmern und Insekten.

Grashüpfer – Flinke Springer

Grashüpfer gehören zu den Insekten, die wir nicht so häufig zu Gesicht bekommen. Die grünen Hüpfer können sich nämlich gut tarnen, sodass wir sie nur schwer von ihrer Umgebung unterscheiden können. Dafür kann man die Grashüpfer, die zu den Feldheuschrecken gehören, aber umso besser hören. Ihre lauten Zirpgeräusche sind dir bestimmt bei einem Spaziergang schon einmal aufgefallen.

Wenn du genau hinschaust, kannst du die grünen Hüpfer vielleicht auch in den Wiesen an einem Grashalm entdecken. Aber Achtung: Grashüpfer sind sehr flinke Springer. Wenn Gefahr droht, bringen sie sich mit einem großen Sprung mit ihren kräftigen Hinterbeinen in Sicherheit.

Wusstest du ...?

... dass der Grashüpfer sozusagen immer sein eigenes Instrument bei sich hat?
An der Innenseite seiner Hinterschenkel befindet sich ein Sägekamm, mit dem er – ähnlich wie mit einem Geigenbogen – Geräusche erzeugen kann, indem er ihn an der Kante seiner Vorderflügel reibt. Im Sommer und im Herbst kannst du dem Konzert der Grashüpfer am besten lauschen, denn zu dieser Zeit locken die Männchen mit ihrem Gesang die Weibchen zur Paarung an.

FUN FACT

Viele Grashüpferarten sehen sehr ähnlich aus. Die kleinen Tierchen lassen sich oft nur anhand ihrer verschiedenen Gesänge unterscheiden.

Gemütliche
SCHNECKENBANDE

Wer macht es sich denn da kuschelig? Familie Schneckschneck hat es sich zu Hause gemütlich gemacht. Die kleinen Schnecken sehen nicht nur süß aus. Du kannst auch toll damit spielen. Wie du diese niedliche Schneckenbande bei dir einziehen lassen kannst, erfährst du hier.

DU BRAUCHST:

1 Toilettenpapierrolle (Recyclingpapier)

2 Wasser

3 Wasserfarbkasten

4 Pinsel

5 Stecknadeln

6 Acryl- oder Filzstifte

7 Bastelkleber

71

1 Lege ein paar Blätter Toilettenpapier übereinander. Tauche sie vorsichtig in Wasser ein oder besprühe sie mit einem Wasserbestäuber. Rolle das nasse Papier zusammen und forme einen Schneckenkörper und ein Schneckenhaus daraus. Achte darauf, dass das Schneckenhaus auf den Schneckenkörper passt, und lass alles gut trocknen.

2 Bemale die Schneckenhäuser mit Wasserfarbe und verziere sie mit einem Muster deiner Wahl.

3 Klebe die Schneckenhäuser mit Bastelkleber auf den Schneckenkörpern fest. Bringe jeweils zwei Stecknadeln als Fühler an und male die Schneckengesichter mit Acryl- oder Filzstiften auf. Und schon ist deine Schneckenbande fertig.

Ein kleiner Tipp

Die Toilettenpapierbande trocknet am schnellsten, wenn du sie an einen warmen Ort stellst.

72

Wer schleimt denn da?

Im Frühling werden die Schnecken langsam wieder aktiv. Sie haben die kalte Jahreszeit in der Winterstarre verbracht. Die kleinen Kriechtiere lieben es feucht. Wenn es nachts geregnet hat, sind im Frühjahr und im Herbst morgens besonders viele Schnecken unterwegs.

DAS SCHNECKENHAUS – EIN STÄNDIGER BEGLEITER

Das eigene Haus immer auf dem Rücken – das ist ganz schön praktisch. Das Schneckenhaus hat viele Funktionen: Bei Gefahren kann sich die Gehäuseschnecke in ihr Haus zurückziehen, und im Winter schützt es sie vor Kälte. Die Schnecke verschließt ihr Haus dann mit einem Deckel aus Kalk. Aber das ist noch nicht alles: Im Schneckenhaus befinden sich auch die lebenswichtigen Organe der Schnecke, wie Herz, Lunge und Magen, die hier besonders geschützt sind. Das Haus der Schnecke entwickelt sich schon im Ei: Anfangs ist es aber noch weich. Schnecken müssen deshalb viel kalkhaltige Nahrung fressen, damit ihr Haus stabil wird.

Die Nacktschnecke hat kein eigenes Haus

Wusstest du ...?

... dass Schnecken über Glassplitter, Rasierklingen oder andere scharfe Gegenstände kriechen können, ohne sich dabei zu verletzen?
Die Schnecke bewegt sich nämlich auf einer Schleimspur, die sie selbst produziert. Mit der schleimigen Schicht schützt sie ihren empfindlichen Körper vor Verletzungen.

73

IM SCHNECKENTEMPO – WIE SCHNELL KANN EINE SCHNECKE KRIECHEN?

Schnecken sind sehr gemütlich unterwegs. Das Tempo ist aber je nach Schneckenart sehr unterschiedlich. Nacktschnecken sind generell etwas schneller als die Gehäuseschnecken, da sie mit ihrem Körper mehr Schleim produzieren können. Die Nacktschnecke kann pro Minute etwa 11 Zentimeter zurücklegen, während die Weinbergschnecke nur etwa 7–8 Zentimeter vorwärtskommt. Entscheidend ist auch die Feuchtigkeit des Untergrunds: Je feuchter der Boden ist, umso schneller kann die Schnecke kriechen.

Zauberhaftes
WÜNSCH-DIR-WAS-GESCHENK

Der Löwenzahn ist ein wahrer Verwandlungskünstler. Er beginnt, gelb zu blühen, und verwandelt sich nach ein paar Wochen in eine wunderschöne Blume mit weißen Schirmchen. Man sagt der Pustblume sogar Zauberkräfte nach: Sie erfüllt Wünsche, wenn man sie pustet. Wenn das kein besonderes Geschenk für Lieblingsmenschen ist!

DU BRAUCHST:

1 Karton
2 Alter Spülschwamm
3 Pusteblume
4 Band
5 Wasserfarbkasten
6 Acrylfarbe in Weiß
7 Pinsel
8 Schwarzer Permanentmarker
9 Schere oder Cutter
10 Kleine Stöckchen

❶

❸

❷

1 Zeichne einen Kreis auf ein Stück Karton und schneide ihn mit Schere oder Cutter aus. Du kannst einen Teller als Schablone dazu verwenden. An einem Cutter kann man sich leicht schneiden. Lass dir dabei deshalb lieber von einem Erwachsenen helfen.

2 Reinige den alten Spülschwamm in der Waschmaschine. Stelle einen Stempel daraus her, indem du mit dem Cutter eine Scheibe davon abtrennst und einen Kreis daraus ausschneidest. Bestreiche deinen Stempel mit reichlich weißer Acrylfarbe und drucke Kreise auf den Karton.

3 Erwecke die Pusteblumen durch das Aufmalen von Gesichtern zum Leben und klebe kleine Stöcke als Stängel auf. Male mit grüner Wasserfarbe Gras dazu und bemale die Stängel grün. Ziehe aus der Pusteblume einzelne Schirmchen heraus und klebe sie vorsichtig auf das Bild. Und schon ist ein ganz besonderes Geschenk fertig.

Ein kleiner Tipp
Ziehe ein Band als Aufhängung durch den Karton. Pass gut auf die Wünsche auf, denn die Pusteblumen-Schirmchen gehen leicht kaputt.

Vom Löwenzahn zur Pusteblume

Der Löwenzahn ist eine ganz besondere Pflanze. Im Frühling ist er nicht zu übersehen. Vor allem im April und Mai leuchten ganze Wiesen in knalligem Gelb. Die Löwenzahn-Pflanze ist sehr anpassungsfähig und braucht nicht viel zum Wachsen. Du findest den Löwenzahn nicht nur auf Wiesen, in Gärten und Parks – sogar aus kleinen Mauerritzen oder zwischen Pflastersteinen sprießt die gelbe Pflanze hervor.

Doch der Löwenzahn bleibt nicht immer so farbenfroh: Etwa Ende Mai verwelken die gelben Blütenblätter und fallen ab. Nun entwickeln sich die Samen, die aussehen wie kleine Fallschirmchen. Die unzähligen weißlichen Schirmchen bilden einen flauschig aussehenden Ball: die Pusteblume.

77

Wusstest du ...?

... dass die Samen des Löwenzahns bei gutem Wetter kilometerweit fliegen können? Eine einzige Pflanze kann bis zu 5000 Schirmchen bilden. Wo diese auf den Boden fallen, kann eine neue Löwenzahn-Pflanze wachsen.

LECKER, GESUND UND VIELSEITIG

Manche halten ihn für lästiges Unkraut, da er sich sehr schnell vermehrt und in Gärten ausbreitet, doch eigentlich ist der Löwenzahn eine Heilpflanze. Der Löwenzahn kann sehr vielseitig eingesetzt und zum Beispiel zu Pesto, Löwenzahnhonig, Tee oder Sirup verarbeitet werden. Für einen Salat eignen sich vor allem die jungen, zarten Blättchen, da diese noch nicht so bitter schmecken. Die saftigen, grünen Blätter sind auch bei Kaninchen, Meerschweinchen und Co. sehr beliebt.

WARUM HEISST DIE PFLANZE LÖWENZAHN?

Schau dir die grünen Blätter des Löwenzahns einmal genauer an: Die einzelnen Zacken erinnern an die spitzen Zähne eines Löwen. Daher hat der Löwenzahn seinen Namen.

Danke

Ihr kleinen Weltentdecker da draußen überrascht und inspiriert mich jeden Tag aufs Neue, mit eurer Fantasie und Kreativität. Schnappt euch den Müll mit Gebrüll und bastelt euch die Welt, wie sie euch gefällt!

Danke meine 3 Lieblingsmenschen. Ihr seid einfach die aufmerksamsten Ideenanhörer, tollsten Unterstützer und geduldigsten Bastelchaosaushalter, die ich mir vorstellen kann.

Der Apfel fällt nicht weit vom Stamm: Danke Mam und Dad. Ohne euch wäre ich nicht das, was ich heute bin.

NOCH MEHR BASTELSPASS!

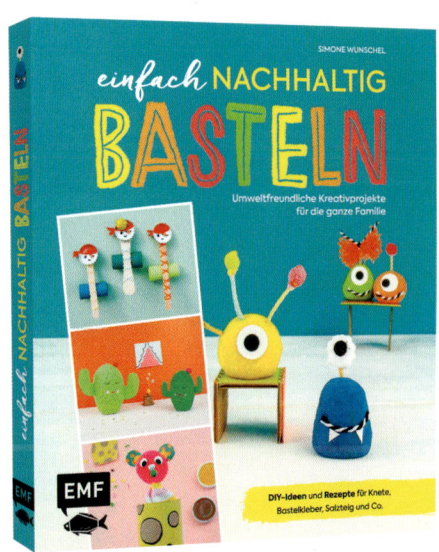

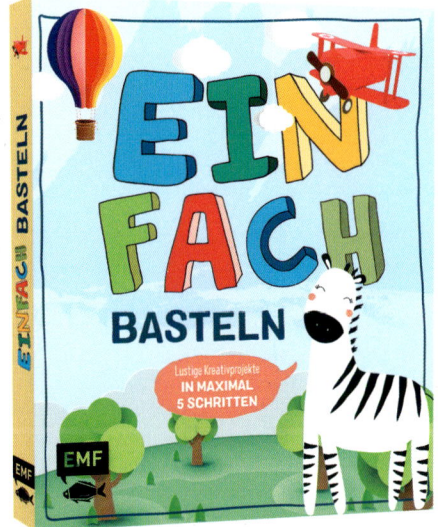

Einfach nachhaltig basteln –
umweltfreundliche Kreativprojekte für die
ganze Familie

14,99 € (D) / 15,50 € (A)
ISBN 978-3-7459-0032-3

Einfach basteln Kids –
Lustige Kreativprojekte in maximal
5 Schritten

9,99 € (D) / 10,30 € (A)
ISBN 978-3-7459-0145-0

IMPRESSUM

Bibliografische Information der Deutschen Bibliothek.
Die Deutsche Bibliothek verzeichnet diese Publikation in der Deutschen Nationalbibliografie.
Detaillierte bibliografische Daten sind im Internet über http://www.dnb.de/ abrufbar.

EIN BUCH DER EDITION MICHAEL FISCHER

1. Auflage 2021
© 2021 Edition Michael Fischer GmbH, Donnersbergstr. 7, 86859 Igling

Covergestaltung: Michaela Zander
Redaktion, Lektorat und Produktmanagement: Katharina Steinbach
Layout und Satz: Michaela Zander

Fotos: Simone Wunschel, außer S. 4, 6, 7, 10, 78: Von Imhoff Fotografie
Bildverzeichnis: Illustrationen: S. 1, 79: © Ermak Oksana/Shutterstock; S. 2, 3, 21, 29, 37, 41, 55, 61, 63: © redchocolate/Shutterstock; S. 4, 6: © Marina Mandarina/Shutterstock; S. 10, 11: © Havroshechka/Shutterstock; S. 11 (Hilfe-Symbol): © Arcady/Shutterstock, © Olga_C/Shutterstock; S. 14: © Tori card store/Shutterstock; S. 18: © Ladusya/Shutterstock; S. 19, 24, 25, 42: © Julia Lullula/Shutterstock; S. 21, 58, Cover: © gata_iris/Shutterstock; S. 25, 59 (Glühbirne): © TashaNatasha/Shutterstock; S. 27, 29: © lena_nikolaeva/Shutterstock; S. 28, Cover: © Kristi44/Shutterstock; S. 31: © Barysevich Iryna/Shutterstock; S. 34: © Liliya_K/Shutterstock; S. 40: © FishDesigns/Shutterstock, S. 46: © Elvira_T/Shutterstock; S. 49, Cover: © mhatzapa/Shutterstock; S. 51: © KsyArt/Shutterstock; S. 65: © Anastasia Nio/Shutterstock; S. 69, 70: © KamimiArt/Shutterstock; S. 75: © Yamurchik/Shutterstock; Wissen: S. 19: © Andrey Bocharov/Shutterstock; S. 24: © Yellowj/Shutterstock; S. 25: © cherryyblossom/Shutterstock; S. 29: © gertvansanten/Shutterstock; S. 34: © WildMedia/Shutterstock; S. 35 (oben): © VasekM/Shutterstock; S. 35 (unten): © Milan Zygmunt/Shutterstock; S. 40: © khlungcenter/Shutterstock; S. 41 (oben): © anko70/Shutterstock; S. 41 (unten) © CeronDesigns/Shutterstock; S. 46: © Costea Andrea M/Shutterstock; S. 47: © IRINA ORLOVA/Shutterstock; S. 52: © Maryna Pleshkun/Shutterstock; S. 53: © Mama Belle and the kids/Shutterstock; S. 58: © TB studio/Shutterstock; S. 59: © kosolovskyy/Shutterstock; S. 63: © courtyardpix/Shutterstock; S. 68 (oben): © VladKK/Shutterstock; S. 68 (unten): © CezaryKorkosz/Shutterstock; S. 69: © Negrobov/Shutterstock; S. 73 (oben): © Zuzha/Shutterstock; S. 73 (unten): © Geo-grafika/Shutterstock; S. 77 (oben): © Sergei Drozd/Shutterstock; S. 77 (unten): © Bess Hamitii/Shutterstock.

ISBN 978-3-7459-0352-2
Gedruckt bei Polygraf Print, Čapajevova 44, 08001 Prešov, Slowakei

www.emf-verlag.de